Dépôt légal : 2e trimestre 2001

Imprimé en Belgique

# animaux
# des
# champs

**Christian Havard**
**Catherine Fichaux**

MILAN

# Sommaire

**30** La perdrix grise

**28** Le lapin de garenne

**32** Les autres oiseaux

**26** Les petits mammifères

**34** L'abeille

**24** Le loup

Les petites bêtes **36**

**22** Le chevreuil

# Le lièvre

**8**

C'est le grand spécialiste de la course. Il n'y a que dans la fable où la tortue est plus rapide ! S'il court, c'est pour échapper au renard ou au lynx. Mais il préfère les bagarres avec ses copains et les matins de printemps, attablé dans un champ de luzerne.

Le mâle s'appelle le bouquin ; la femelle, la hase et les petits, les levrauts.

Pourchassé, il se déplace à grands bonds à une vitesse de 50 à 70 km/h.

Le lièvre ne creuse pas de terrier. Un léger creux dans la terre au milieu d'un champ de blé ou de betteraves lui sert de gîte. Tassé en boule, les oreilles aplaties, il se confond tellement avec son environnement que l'on peut passer à côté de lui sans le voir.

grandes pattes arrière adaptées à la course

Devant un prédateur, le lièvre n'adopte pas toujours la même attitude : ou il prend rapidement la fuite, ou il fait face à son agresseur et signifie ainsi qu'il court plus vite que lui et que toute poursuite serait inutile.

très longues oreilles
(9 à 12 cm)

La gestation dure 42 jours.
À 3 semaines, les levrauts sont sevrés.
À 1 mois, ils sont déjà autonomes.

Il pèse en moyenne
4 à 5 kg.

2 à 4 fois par an, la hase met au monde 1 à 5 levrauts.
Ils naissent les yeux ouverts et sont tout de suite
capables de se déplacer. Comme ils n'ont pas
de terrier, ils changent plusieurs fois de gîte
pour échapper aux prédateurs.

Essentiellement herbivore,
le lièvre cherche sa nourriture
en solitaire. Quand les pousses
d'herbe et le trèfle viennent
à manquer, il se contente
de champignons ou d'écorces.

## Champion par K.-O.

Pour conquérir le cœur des femelles, les lièvres
se battent entre eux violemment. Un peu comme
des boxeurs, ils s'affrontent, dressés sur leurs
pattes arrière, à coups de griffes et de dents.
Ils sont parfois une douzaine rassemblés
au combat : c'est
le bouquinage.

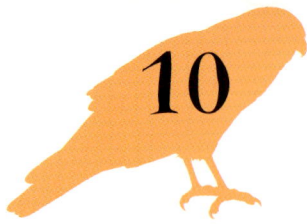

# Les rapaces

Ils ont longtemps été victimes de l'ignorance des hommes et chassés sans pitié. Aujourd'hui, ils sont protégés et sont devenus des auxiliaires indispensables de l'homme dans la lutte contre les rongeurs.

## La buse variable

Quand elle vole en larges cercles, haut dans le ciel, il est difficile de la reconnaître. Le plumage de son ventre va du blanc tacheté de beige au marron foncé marqué de noir. Présente toute l'année, elle construit un grand nid de branches et de brindilles dans un arbre ou sur un rebord de falaise.

Elle mesure 55 cm et pèse environ 1 kg.

Ses ailes ont une envergure de 1,20 m.

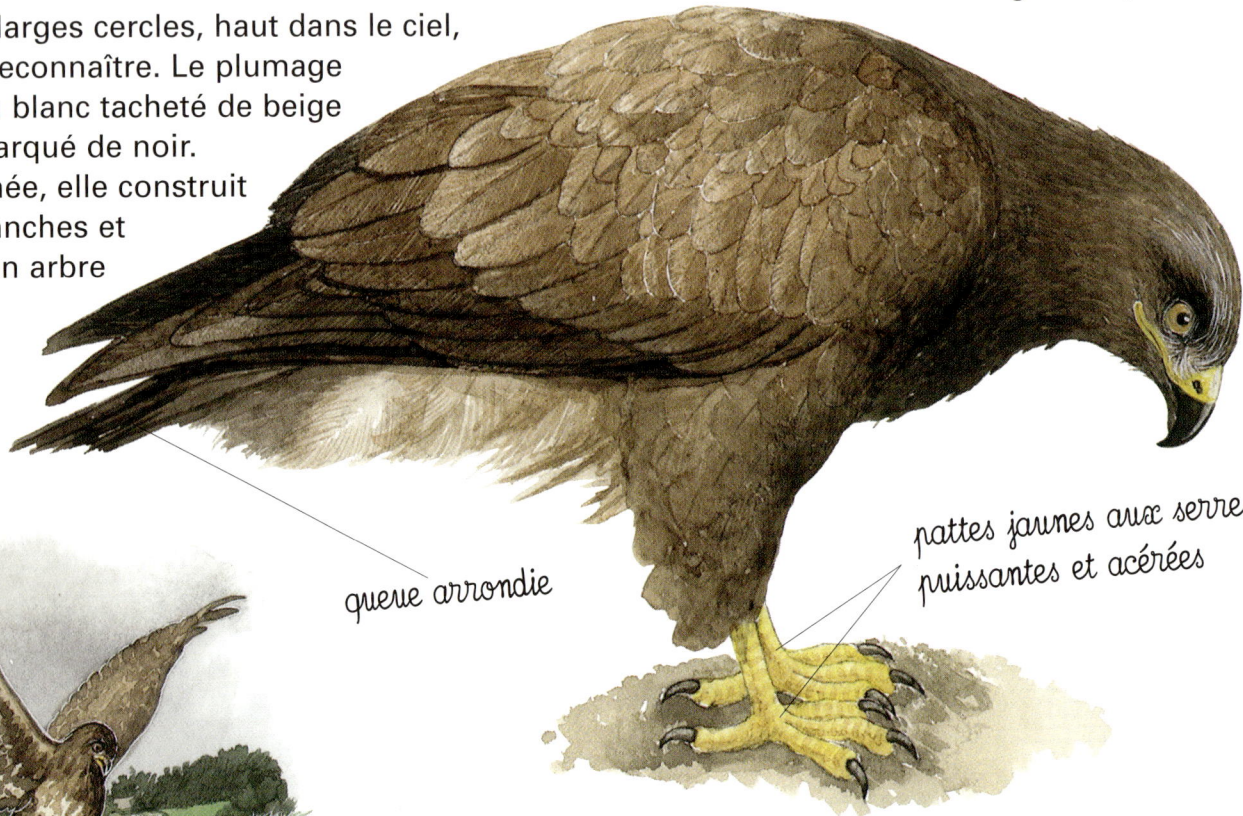

queue arrondie

pattes jaunes aux serres puissantes et acérées

Son cri ressemble à un long miaulement rauque et aigu : « Pièèc, pièèc. »

La buse reste des heures perchée sur un poteau ou une branche d'arbre. Elle surveille ainsi le moindre mouvement dans l'herbe autour d'elle. Dès qu'elle repère une proie, elle s'envole et tombe dessus, serres en avant.

En avril, la femelle pond 2 ou 3 œufs blancs tachetés de brun. Ils sont couvés pendant 35 jours. L'envol des petits a lieu au bout de 6 à 7 semaines. Pendant cette période, le mâle apporte la nourriture mais c'est la femelle qui la distribue aux petits.

# Le faucon crécerelle

Il se reconnaît à son vol sur place, la queue largement déployée, en observation au-dessus d'un terrain découvert. Quand il a repéré un mulot, un campagnol ou un gros insecte, il se laisse tomber sur sa proie et l'emporte sur un perchoir pour la dépecer et la manger.

**Le faucon crécerelle s'adapte parfaitement à l'environnement : on le rencontre aussi bien sur les tours de Notre-Dame, au cœur de Paris, qu'en plaine ou sur le bord des autoroutes.**

**La ponte a lieu fin avril, début mai (4 à 5 œufs, couvés 28 jours). Nourris par les deux parents, les jeunes quittent le nid 1 mois plus tard.**

**La femelle (240 g pour 35 cm) est plus grosse et plus grande que le mâle (200 g pour 31 cm).**

**Son vol, plané, est bas et rapide.**

# Le busard Saint-Martin

Il fait son nid à terre, parfois dans un champ de blé. Pour le protéger, des naturalistes observent ses déplacements et demandent aux agriculteurs de préserver une petite parcelle non récoltée pour ne pas détruire sa nichée.

*œil jaune*

**La femelle est marron et mesure 50 cm. Le mâle, plus petit, est gris cendré et mesure 43 cm.**

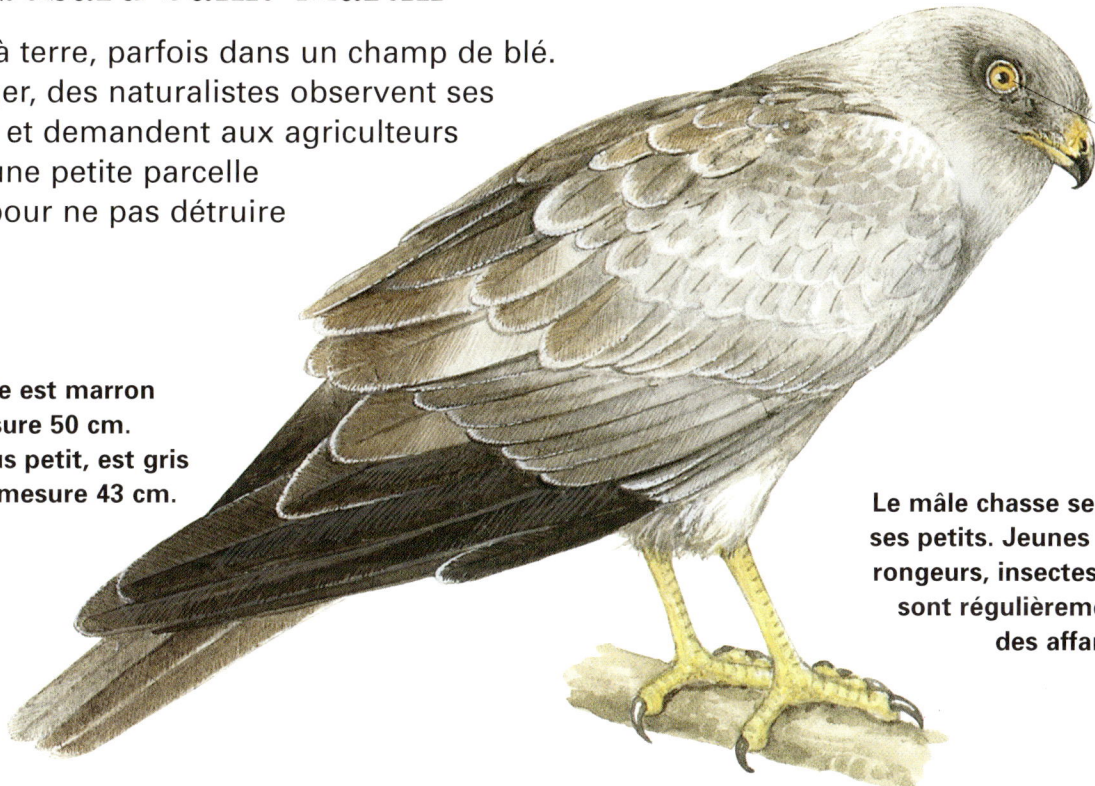

**Le mâle chasse seul pour nourrir ses petits. Jeunes oiseaux, petits rongeurs, insectes et grenouilles sont régulièrement au menu des affamés.**

# Le renard

Une petite touffe de poils roux accrochée à un barbelé, des crottes remplies de noyaux de cerise posées en évidence au milieu du chemin, une odeur forte qui revient régulièrement chatouiller les narines : pas de doute, tu empruntes le même chemin qu'un renard.

Il lui arrive de partager le même terrier qu'une famille de lapins. Quand il part chasser, il n'attaque pas ses voisins. Certains chercheurs pensent qu'il les considère comme une réserve de nourriture en cas de famine.

Le renard est très affectueux. Quand il fait sa cour, le mâle se frotte doucement contre la femelle, comme pour lui faire un câlin. Il lui donne aussi des bisous sur le museau et dans le cou. Il est rare que la belle reste insensible à toutes ces marques de tendresse. Elle aussi joue gentiment avec lui avant d'accepter l'accouplement.

Comme chez beaucoup de carnivores, le nombre des naissances dépend des réserves alimentaires existant sur son territoire. Il doit y avoir suffisamment à manger pour nourrir tous les petits renardeaux.

Au début de l'hiver, son pelage devient plus épais.

C'est un excellent grimpeur.
Ses robustes griffes et sa souplesse
lui permettent de s'accrocher à l'écorce.
Il est aussi capable de sauter à près de
2 m de hauteur. C'est pratique quand
il veut visiter les nids des oiseaux
ou de certains petits rongeurs.

Les renardeaux sont comme tous les enfants : curieux et turbulents.
Aussi la renarde doit les surveiller de près. Il y en a toujours un prêt
à s'éloigner du terrier à la poursuite d'un papillon ou d'une grenouille.
Toute la troupe le suit alors pour profiter du jeu !

arrière des oreilles noir

bande noire entre
l'œil et la gueule

lèvres blanches

## Pas fou le goupil !

Sa ruse n'est pas une légende. Pour attraper un canard, il est capable de « faire le fou » sur le bord d'un étang. Il se roule par terre, saute maladroitement et retombe dans l'eau... Le canard, curieux, s'approche pour voir ce drôle d'animal. Comme un ressort, le renard bondit sur lui... et l'emporte !

# 14 La grive litorne

Les grives litornes vivent en groupes, même pendant la saison des nids. Ces derniers sont construits avec des brindilles, de l'herbe sèche et de la boue. L'intérieur est garni de plumes et de duvet. En mai, la femelle pond 5 à 6 œufs verts tachés de brun, qu'elle couve seule. Le mâle apporte à manger à sa compagne puis aux petits.

Oiseau migrateur, elle rejoint la France en octobre et repart fin avril.

Pour sortir l'escargot de sa coquille, la grive se sert d'une « enclume ». Elle choisit une pierre plate ou la souche d'un arbre et frappe violemment l'escargot dessus pour briser sa coquille. On peut ainsi découvrir ces « tables de pique-nique » remplies de dizaines de coquilles en morceaux.

pattes puissantes

Elle mesure 26 cm.

La grive ne marche pas, elle sautille.

Les repas de la grive varient avec les saisons. Grosse mangeuse d'insectes, de limaces et d'escargots, elle aime aussi les baies et autres fruits, ainsi que les graines.

Elle a le dessus de la tête, les joues et le croupion gris bleuté.

La grive raffole des fruits du gui. Elle les avale en entier et rejette les graines dans ses crottes. Celles-ci restent accrochées aux branches et donneront naissance à une nouvelle boule de gui. En passant dans l'estomac de l'oiseau, l'enveloppe de la graine se ramollit et celle-ci germe plus facilement.

## Les 3 sœurs

Comme la grive litorne, on les rencontre en troupes plus ou moins nombreuses, dans les champs. À la saison des nids, elles rejoignent parfois les abords des forêts et les parcs.

*grive musicienne*

*grive mauvis*

*grive draine*

# 16 Les papillons

Il existe 2 sortes de papillons : les papillons de jour et les papillons de nuit. Les premiers, vivement colorés, butinent de fleur en fleur sous le soleil. Les seconds, plus ternes, visitent les fleurs au clair de lune. En voici quelques-uns qui s'activent le jour.

## Le citron

On peut l'observer dès le début du printemps. Le mâle est jaune citron, avec une grande tache orange sur les ailes antérieures. La femelle, plus grande, est jaune pâle. Son envergure varie entre 5 et 7 cm.

## Le paon du jour

Particulièrement fréquent, il lui arrive de rentrer dans les maisons. Très actif, il a un faible pour les fleurs du lierre et du sureau. Sa chenille, toute noire et épineuse, grandit le plus souvent sur les feuilles d'orties. Relativement petit, il ne dépasse pas 6 cm d'envergure.

## Le machaon

Il peut atteindre 10 cm d'envergure. Ses ailes postérieures présentent un ocelle rouge et une pointe noire caractéristique. Il se nourrit sur les plantes sauvages des champs, le plus souvent à l'écart de l'activité humaine.

# Le vulcain

C'est un voyageur capable de parcourir plusieurs centaines de kilomètres pour découvrir d'autres paysages. Particulièrement rustique, il vit dans de nombreux pays. On le rencontre également au Moyen-Orient, en Afrique du Nord, aux États-Unis ou au Mexique. Son envergure est de 6 cm.

# Le moro-sphinx

Spécialiste du vol sur place, il butine le nectar des fleurs sans se poser. Comme la plupart des sphinx, il a un corps trapu, le bout de l'abdomen en forme de queue, des ailes courtes et des antennes épaisses.

# La grande tortue

Églantiers, lilas, pruniers sauvages sont régulièrement visités par ce petit papillon orange tacheté de noir. La chenille est très colorée : noire, mouchetée de blanc, elle a de fines rayures et des épines orangées sur le dos.

# La métamorphose

Le cycle de reproduction des papillons comporte 4 stades :

❶ Les œufs sont pondus par le papillon adulte, le plus souvent sous les feuilles des plantes.

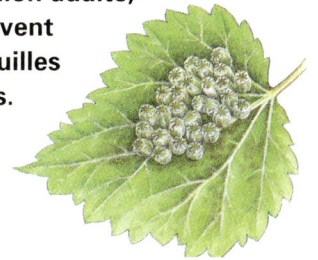

❷ La chenille, issue de l'œuf, est une grande dévoreuse de feuilles. Elle possède parfois des poils urticants pour se protéger des prédateurs.

❸ La chrysalide est le stade le plus impressionnant. Immobile, elle est attachée à une tige. À l'intérieur, la chenille se transforme en papillon.

❹ Le papillon adulte, quand il sort de la chrysalide, n'a que quelques secondes pour déployer ses ailes qui durcissent au contact de l'air.

# 18 L'hermine

Qu'elle prenne son pelage blanc d'hiver ou son pelage marron d'été, l'hermine garde toujours le bout de la queue noir. Quand elle ne chasse pas, elle se repose dans sa cachette. Elle choisit un arbre creux, un terrier, un trou dans les rochers ou un vieux nid d'oiseau qu'elle rend plus confortable avec des plumes et des poils arrachés à ses victimes.

Elle attrape toujours ses proies de la même façon : elle leur saute dessus et les mord à la nuque pour les tuer. Ensuite, elle les traîne vers une cachette pour les manger tranquillement.

L'hermine est une grande destructrice de mulots, campagnols, lapins et oiseaux. Elle les traque de jour comme de nuit. Elle est aussi capable de se faufiler dans les terriers. Et s'ils sont trop petits, aucun problème : elle les agrandit en creusant.

Après une gestation de 20 à 28 jours,
la femelle met au monde 1 portée
par an (fin avril, début mai)
de 5 à 10 petits.

À 1 mois et demi, les petits ont complètement perdu
leur fine crinière sur le dos, caractéristique des bébés.
Le bout de leur queue se colore de noir. Ils sortent
maintenant et jouent devant le nid. Ils se disputent
déjà des proies mortes apportées par leur mère.
Le sevrage est commencé.

oreilles arrondies

longues moustaches

La mère s'occupe seule des petits.
Sevrés à 5 semaines, ils se débrouillent
tout seuls vers 3 mois.

poitrine et ventre
blanc gris

## De terribles chasseresses

Silencieuses, elles se faufilent
partout et sont d'une efficacité
redoutable pour attraper
les petits rongeurs.

la fouine

la belette

# 20 Le corbeau freux

Avec sa démarche instable, les plumes ébouriffées du haut de ses pattes et ses croassements sonores, il a l'air d'un vagabond. Pourtant, dès qu'il s'envole, c'est le plus impressionnant champion de voltige aérienne.

Il mesure 45 à 48 cm.

bec gros et long avec une marque blanche à la base

Les 3 à 5 œufs sont couvés pendant 20 jours par la femelle. Pendant cette période, le mâle lui apporte à manger. Ensemble, ils nourriront les petits pendant une trentaine de jours.

## Un bruyant voisinage

Les corbeaux nichent tous ensemble dans un groupe de grands arbres : le dortoir ou corbeautière. Quand ils s'y retrouvent le soir, c'est une cacophonie incroyable.
Et le matin, au réveil, le concert recommence !

On peut voir plus de 50 nids sur un même arbre. Chaque occupant, tout en couvant, « discute » avec ses voisins, dans de bruyantes prises de bec.

# La corneille noire

Les couples nichent séparément d'avril à mai. Le nid, énorme et rustique, est fait de brindilles et de branchages. Les jeunes, après l'envol, restent près du nid. Les parents continuent de les nourrir encore quelques jours. Puis toutes les corneilles se retrouvent pour partager le quotidien.

ailes larges

bec massif

queue carrée

Souvent une corneille se pose sur le dos d'un mouton. Celui-ci ne s'en préoccupe pas et promène son passager dans le pré. Apparemment, quand sa balade est suffisante, la corneille s'envole. Ce comportement reste encore aujourd'hui inexpliqué.

Pendant leurs longues promenades, elles essaient de repérer quelque chose à manger. Ainsi, toute la troupe se retrouve parfois dans un champ de blé. Chacune picore majestueusement, sans précipitation, et sans bagarre avec ses voisines.

## Un maraudeur attentif

La corneille vole lentement au-dessus d'une ferme. Elle a repéré une couvée de poussins et vient reconnaître les lieux. À son 2e passage, elle se pose sur le rebord du toit. Un dernier coup d'œil sur la cour, un plongeon rapide, et elle reprend son vol avec une malheureuse victime dans le bec.

# Le chevreuil

Autrefois essentiellement forestier, il fréquente de plus en plus les paysages champêtres. C'est vrai que sa population a beaucoup augmenté ces dernières années. Certains, en France et en Allemagne, ont même carrément abandonné la forêt pour les haies et les bosquets, au milieu des bocages et des plaines cultivées.

petite queue de 4 à 6 cm

Les faons, souvent jumeaux, naissent le dos et les flancs rayés par des bandes de taches blanches. Elles disparaîtront à l'âge de 6-7 mois.

sabot à 2 doigts

Les premiers jours, le faon reste bien sagement couché dans les hautes herbes. Il ne bouge que pour téter et suivre sa mère qui le change de place pour lui éviter d'être repéré par des prédateurs. Mais très vite il a besoin de remuer et gambade sous la surveillance attentive de sa mère.

Le mâle est le seul à porter des bois.
Ils poussent en janvier et février, perdent
leur velours en mai et tombent en novembre.
Ils ont au plus 3 andouillers et font
au maximum 25 cm.

andouiller

grandes oreilles
très mobiles

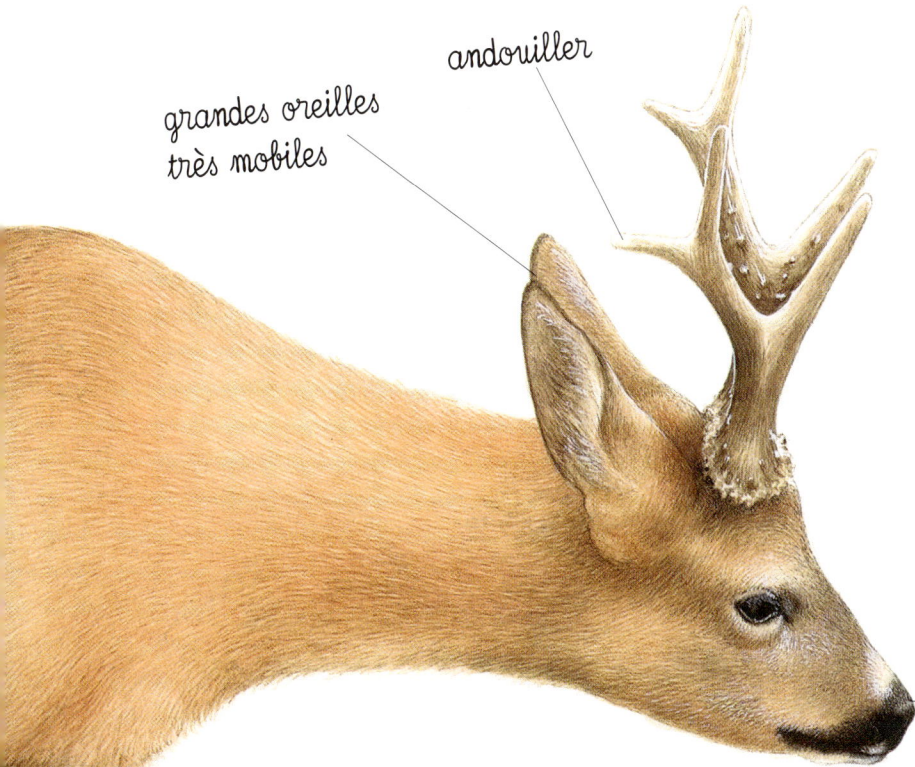

L'herbe verte et tendre des prairies
est appétissante. Mais le paysage est
découvert. Alors le brocard et la chevrette
sont toujours en alerte. Au moindre
mouvement ou bruit suspects, à grands
bonds, ils disparaissent dans la forêt.

petit mufle noir

Pour marquer son territoire,
le mâle utilise une glande
située à la base de l'œil,
qu'il frotte contre les troncs
d'arbres et les arbustes
pour y laisser son odeur.

## De nobles visiteurs

Si la forêt est leur domaine, ils viennent régulièrement
dans les champs. C'est là qu'ils trouvent une grande
partie de leur nourriture.

daim

cerf élaphe

Le mâle, plus grand que la femelle,
mesure 70 cm au garrot.
La chevrette a 5 cm de moins.

# Le loup

Après de longues années de traques incessantes, le loup avait disparu de la majorité des pays d'Europe. Aujourd'hui, son utilité dans l'équilibre de la faune est enfin reconnue. Protégé, il reconquiert naturellement les territoires qui étaient les siens.

queue relativement courte et fournie de 30 à 50 cm

Dans la meute, les louveteaux sont les rois. Infatigables, ils courent, se bousculent et se poursuivent en criant. Mais jouer entre eux n'est pas suffisant. Ils n'ont aucun respect pour la sieste des adultes. Pas question de repos quand un petit leur tire la queue, leur mordille les oreilles ou prend leur dos pour un toboggan.

Son pelage varie du blanc au noir avec toutes les nuances de gris et de fauve.

Quand ils chassent, les loups doivent beaucoup marcher, et, quand il y a de la neige, c'est fatigant. Alors, ils posent les pattes dans les traces de celui de devant pour éviter un effort inutile. C'est ainsi qu'ils se déplacent « à la queue leu leu », ce qui veut dire « derrière la queue du loup ».

## Sans foi ni loi

Ce sont les chiens errants qui sont responsables des attaques sanglantes dans les bergeries, et pas les loups. Ils sont aussi un danger pour les promeneurs. Pourtant, la loi ne prévoit rien contre eux et l'on accuse souvent les loups, à tort.

*yeux jaunes et légèrement obliques*

Les yeux des loups possèdent une rétine dont la composition particulière leur permet de voir clair la nuit.

Il mesure 65 à 80 cm au garrot.

Avec ses pattes puissantes, il peut courir plusieurs heures à une moyenne de 40 km/h.

Le mâle et la femelle dominants sont unis pour la vie. Ensemble, ils assurent la bonne marche de la meute. À eux d'imposer les règles de vie du groupe, de trouver les meilleurs terrains de chasse et de faire les bébés. C'est pour cela qu'ils mangent toujours les premiers car ils doivent rester les plus forts.

# Les petits mammifères

Ils sont présents partout dans les champs, mais on ne les voit pas toujours. Car même s'ils s'avèrent très nombreux, ils se montrent aussi très discrets. C'est que la plupart sont la proie de multiples prédateurs.

## La taupe

Quand elle creuse ses galeries avec ses pattes en forme de pelle, elle rejette la terre en faisant d'énormes taupinières qui occasionnent des dégâts dans les jardins. Elle est pourtant utile car elle mange les larves des insectes, qui parfois s'attaquent aux racines des plantes.

## Le rat des moissons

L'été, il bâtit son nid avec de l'herbe sèche, accroché aux tiges des céréales ou dans les hautes herbes, à 30 cm du sol. Quand ses petits vont naître, il en confectionne un autre, plus solide et plus confortable. L'hiver, il se fait une niche douillette sous des pierres ou dans la paille. Et s'il fait très froid, il creuse un terrier et y installe son nid.

## Le hérisson

La nuit, une boule de piquants trotte aux abords d'une haie. Le hérisson cherche sa nourriture : des escargots, des limaces, des vers mais aussi des fruits et des champignons. À la moindre alerte, il se met en boule. Qui s'y frotte s'y pique !

## Le campagnol des champs

Il préfère les prairies aux champs cultivés, car son terrier n'est pas très profond et la charrue le détériore à chaque passage. Grand consommateur de grains, blé et maïs, il affectionne également l'écorce et les racines des jeunes arbres. Sa queue, plutôt courte, est couverte de poils.

## La pipistrelle commune

Dès la tombée du jour, elle volette à la recherche de petits insectes. Elle les capture en vol, grâce à son système radar. Le jour, elle se cache dans le trou d'un arbre ou sous le toit d'une grange. C'est la plus petite chauve-souris d'Europe.

## La musaraigne musette

Elle traque sans répit les insectes et les petits invertébrés. Mais un jeune oiseau tombé du nid ou un bébé mulot sans défense feront aussi un excellent repas. Elle a un museau allongé en forme de mini-trompe et de très longues vibrisses.

## Le mulot sylvestre

Sa longue queue est dépourvue de poils. Il mange des graines, des noisettes, des pommes de pin et les bourgeons des arbustes. Il construit son nid d'herbes sèches et de feuilles parmi les ronces ou entre les racines d'un arbuste dans une haie.

**28 Le lapin de garenne**

Le lapin n'est pas un aventurier.
Il ne s'éloigne guère de sa garenne.
Au-delà de 400 m, il est perdu
et a bien des difficultés
pour retrouver son chemin.

3 à 5 fois par an, la lapine met au monde 3 à 6 lapereaux !
Quand on sait que chaque garenne regroupe en moyenne
3 groupes familiaux composés de 6 femelles et 1 mâle,
on imagine vite que ça fait beaucoup, beaucoup
de petits lapins ! Mais la nature est terrible,
et les 3 premiers mois sont fatals pour
plus de la moitié des lapereaux.

La nuit, les lapins se rassemblent pour manger.
On peut les observer, au clair de lune, dévorant
les touffes de luzerne dans les champs. C'est aussi
l'occasion de jouer ensemble, de se poursuivre
ou de se rouler dans l'herbe. Mais ils ne sont jamais
à l'abri d'un danger ; alors, dans le groupe,
il y a toujours un ou plusieurs guetteurs.

dessous de la queue blanc

En cas d'alerte, il soulève la queue :
c'est le signal de la fuite pour tous les autres.

La vie du lapin n'est pas facile. Il est la proie de multiples prédateurs : l'aigle, le chat sauvage, le loup, le lynx, l'homme… sans oublier le renard. Quand ce dernier rôde, affamé, une seule solution : fuir. Heureusement, le plus souvent, le lapin échappe aux crocs du renard.

grandes oreilles (6,5 à 7 cm) avec une marque noire sur le bord supérieur

Au plus profond du terrier, dans une chambre tapissée d'herbe sèche et de poils, les lapereaux sont nés. Ils sont tout nus, tout roses et aveugles. Ils se blottissent contre la lapine et tentent d'attraper une mamelle pour téter. Ils pèsent alors 50 g environ.

nez constamment agité

## La rabouillère

Pour élever ses petits, la lapine creuse un terrier de 1 à 2 m de long, terminé par une chambre ronde remplie de poils arrachés sur son ventre. C'est la rabouillère. Chaque fois qu'elle en sort pour aller manger, elle en rebouche soigneusement l'entrée. Il y a tellement d'amateurs de petits lapins !

Ses incisives poussent toute la vie. C'est pour cela qu'il ronge sans cesse afin de les user.

# La perdrix grise

Fin avril, la perdrix a pondu une douzaine d'œufs vert olive dans une petite dépression cachée dans les herbes. Pendant 25 jours, elle va les couver, relayée par le mâle quand elle se nourrit. Élevés par les deux parents, les perdreaux restent avec eux longtemps après leur premier envol, qui a lieu dès l'âge de 2 mois.

*corps rond et trapu*

En dehors de la saison des nids, les perdrix vivent en petits groupes d'une dizaine d'individus, appelés compagnies. Elles passent la journée blotties dans les champs. La couleur de leur plumage se confond avec celle de la terre, leur évitant d'être repérées par un éventuel prédateur.

*queue courte*

Elle mesure 30 cm pour un poids moyen de 400 g.

Principalement granivore, la perdrix mange également des bourgeons, des insectes, des araignées, des limaces et de petits escargots.

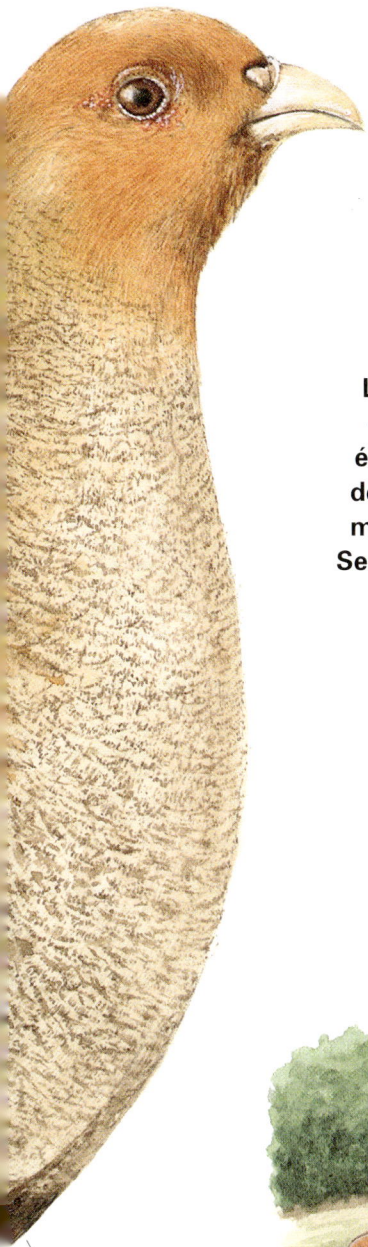

Quand elle est dérangée, la perdrix
se colle au sol, espérant échapper ainsi
à l'intrus. Si la menace est trop forte,
elle part en courant puis s'envole.
Elle ne va jamais très loin, et se repose
vite à terre. Son vol, bas et rapide,
produit un sifflement caractéristique.

La destruction de son habitat (extension
des monocultures, arrachage des haies,
élimination des friches) et l'emploi massif
de pesticides et autres produits chimiques
mettent terriblement en danger la perdrix.
Ses effectifs baissent et elle a même disparu
dans plusieurs régions.

Le cri du mâle ressemble
à un « ji-reik » rauque
et sonore.

tache marron
sur la poitrine
plus marquée
chez le mâle

Dès la naissance, les perdreaux sont capables
de suivre leur mère. Ils marchent derrière elle,
souvent en file indienne, en pépiant pour éviter
de se perdre dans les tiges et les touffes
d'herbe. Ils observent leur mère et,
par imitation, commencent tout de suite
à picorer des graines et de petits escargots.

# Encore du gibier !

Ces oiseaux sont devenus rares
à l'état sauvage. Lorsqu'on
en croise, ce sont souvent
des spécimens élevés en captivité
et relâchés pour la chasse.
Ils sont les cibles constantes
des porteurs de fusil.

bartavelle

faisan de Colchide

caille des blés

# Les autres oiseaux

**32**

Ils sont nombreux à nicher dans les haies, dans les hautes herbes ou au milieu des champs de blé. Ils se font remarquer par leur chant, leur élégance ou par des habitudes bien étranges.

*aile marbrée de noir et blanc*

## La huppe fasciée

« Houp, oup, oup ! » Ces notes douces marquent son retour. Sa longue crête de plumes dressée sur la tête, le mâle fait la cour à une femelle. Pour faire son nid, il choisit un trou abandonné par un pic-vert. Il attrape, avec son long bec légèrement courbé, des vers, des larves et des chenilles.

*petite huppe sur la tête*

*longues griffes*

## L'alouette des champs

Elle monte très, très haut dans les airs, en chantant. Ses longs trilles, clairs et mélodieux, semblent emplir le ciel. On la voit assez rarement perchée, elle préfère rester au sol. Elle ne sautille pas, elle marche. Son nid est une petite coupe profonde, cachée dans l'herbe.

*longues pattes*

## Le vanneau huppé

Grégaire, il se déplace en groupes. Posé dans un champ, il s'active à la recherche de vers de terre et de larves d'insectes. Pendant la parade nuptiale, le mâle virevolte en piqué pour séduire une femelle. Celle-ci pond 4 ou 5 œufs, couvés pendant à peine 1 mois. Les petits sont nidifuges : dès la naissance, ils marchent et se nourrissent seuls.

# Le bruant jaune

L'hiver, ils se rassemblent en grandes bandes, souvent mêlés avec d'autres bruants. Au printemps, chaque mâle se délimite un territoire. Bien en vue à l'extrémité d'une branche, il chante en écartant les plumes de sa queue. La femelle pond entre 3 et 5 œufs. Caché dans un épais buisson, son nid d'herbe sèche et de brindilles est garni de mousse et de duvet.

pointe du bec crochue

longue queue arrondie

bec court et robuste

# La pie-grièche écorcheur

Elle chasse à l'affût de gros insectes, des oisillons et de tout petits mammifères. Mais elle ne les mange pas tous tout de suite. Elle se constitue un garde-manger, le lardoir, en empalant ses proies sur les longues épines d'un arbuste ou sur les piquants des fils barbelés.

# L'œdicnème criard

Avec ses longues pattes jaune clair, son bec jaune à la pointe noire et ses grands yeux jaunes cerclés de noir, c'est un drôle d'oiseau.
Le jour, il se cache dans les herbes sèches ou sous un taillis. Au crépuscule, il part chasser les insectes, les limaces et autres petits invertébrés.

queue échancrée

longues pattes adaptées à la course

# La linotte mélodieuse

La linotte vit en petits groupes. Elle cache son nid dans une haie ou un buisson. Les 4 à 6 œufs sont couvés durant une dizaine de jours par les deux parents. Les petits sont nourris au nid pendant 12 jours avant l'envol. Essentiellement granivore, à cette période, elle apporte beaucoup de chenilles aux oisillons voraces.

# L'abeille

C'est le seul insecte « domestiqué » par l'homme.
À l'intérieur de la ruche, il y a 3 sortes
d'abeilles, qui ont chacune une fonction
bien définie : la reine qui seule pond
les œufs, les mâles qui n'assurent qu'une
fonction de reproduction et les ouvrières
qui protègent et font vivre la colonie.

abdomen

Au cours de sa promenade,
elle visite une centaine
de fleurs avant de retourner
à la ruche. Elle y vide son
jabot, puis repart butiner.
C'est le nectar récolté
qui donne le miel.

Depuis toujours, les hommes récoltent le miel
des abeilles. Ils se sont d'abord servis dans les ruches
sauvages. Ils ont ensuite capturé des essaims
et construit des ruches en paille ou en bois pour les abriter.
Les abeilles, trouvant ces abris confortables,
se sont installées. Cet élevage particulier
s'appelle l'apiculture.

griffes

Quand une butineuse rentre à la ruche,
elle indique aux autres où elle a trouvé sa récolte.
Pour cela, elle danse. Chaque mouvement indique
la direction à prendre et la distance. Comme tout se fait
dans le noir, les ouvrières « palpent » la danseuse
avec leurs antennes pour décoder le message.

corbeille
à pollen
chargée

antennes

langue

L'abeille butine :
avec sa « langue »,
elle avale le nectar des fleurs
et le stocke dans son jabot.

## La reine

Elle passe sa vie, qui dure
environ 5 ans, à pondre : près
de 1 500 œufs en moyenne
par jour ! Elle est nourrie
par les ouvrières avec de
la gelée royale. Elle ne quitte
la ruche que pour le vol nuptial
ou pour créer une autre colonie.
Il y a une seule reine par essaim.

ailes plus courtes
que l'abdomen (long et pointu)

## Le mâle

Appelé aussi faux bourdon,
il a une trompe trop courte
pour butiner. Il dépend donc
des ouvrières pour manger.
Ceux qui s'accouplent avec
la reine meurent aussitôt
après. Les autres sont chassés
de la ruche et meurent, faute
de pouvoir se nourrir. Ils sont
plusieurs centaines dans la colonie.

ailes plus longues
que l'abdomen (très poilu)

## L'ouvrière

Programmée dès sa naissance,
l'ouvrière est d'abord chargée
de l'entretien de la ruche. Puis
elle devient nourrice pour les
jeunes larves. À 2 semaines,
elle est bâtisseuse de cellules
et de rayons, gardienne pour
protéger l'entrée de la ruche
ou ventileuse pour l'aérer
en battant des ailes. Après
3 semaines, elle passe enfin
au grade de butineuse et peut
aller récolter le pollen et le nectar.
La colonie comporte de 10
à 60 000 ouvrières.

ailes de la longueur
de l'abdomen (arrondi)

# Les petites bêtes

**Cachées dans l'herbe ou dans les feuilles, elles guettent leurs proies. Mais attention : un lézard en maraude ou un oiseau attentif, et c'est elles qui se font manger.**

## Le criquet vert commun

On le remarque quand il saute dans l'herbe, mais il est aussi capable de voler sur de très longues distances. Pour attirer la femelle, le mâle « chante » pendant tout l'été : il frotte sa patte arrière contre l'élytre, on dit qu'il craquette.

## La fourmi brune

Elle construit une fourmilière où vivent les ouvrières, les femelles et les mâles. Quand vient le temps de la reproduction, certaines larves donnent des fourmis sexuées avec des ailes, qui fonderont les nouvelles colonies après l'accouplement.

## Le faucheux

Ce proche parent des araignées a le corps en une seule partie. Perché sur ses 8 pattes démesurées, il court dans l'herbe et les feuilles. Il se nourrit d'insectes minuscules et du sucre des fruits trop mûrs, qu'il trouve par terre.

## L'épeire diadème

Son nom vient du dessin qui orne son abdomen. Sa toile est un redoutable piège. Reliée par un fil à sa toile, l'épeire attend sa proie. Quand un insecte est pris au piège, elle lui injecte un puissant venin et l'enroule dans un fil de soie.

# Le taon des bœufs

Il ressemble à une grosse mouche de 24 mm de longueur, avec de très grands yeux semi-globuleux. Les femelles piquent les animaux domestiques et leur sucent le sang. Les mâles boivent le nectar des fleurs.

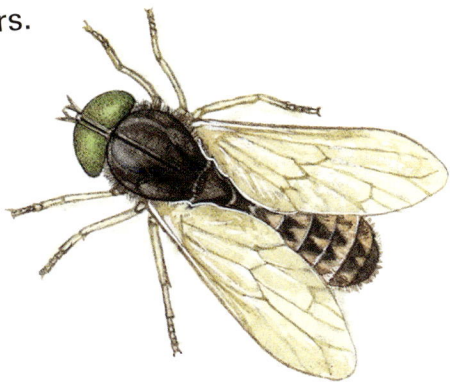

# Le dectique verrucivore

On rencontre cette petite sauterelle de 4 à 5 cm principalement durant l'été. Elle se nourrit de végétaux mais surtout de petits invertébrés. Cet insecte essentiellement carnivore peut être jaune, vert ou brun, avec des taches noires sur les ailes.

# Le grillon des champs

Tête et corps noirs, élytres et ailes marron, longues antennes, pattes griffues, voilà le grillon. Le jour, il se cache dans son terrier où il stridule. Au printemps, le mâle chante aussi toute la nuit dans l'espoir de trouver une femelle. Il mange de l'herbe et de petits insectes. Il ne faut pas le confondre avec le grillon des foyers, plus petit et de couleur marron.

# La coccinelle à 7 points

C'est une grande amie des jardiniers car elle mange les pucerons. Elle peut en croquer 50 en une seule journée ! Quand elle vole, ses élytres s'écartent pour laisser passer ses ailes. Elle peut parcourir plusieurs dizaines de kilomètres sans s'arrêter. À la naissance, elle est toute jaune. Ses points noirs et sa couleur rouge n'apparaissent que quelques heures après.